AF339453

Pierre-Quentin CHÉDEL

Graveur Châlonnais du XVIIIe siècle

ET SON ŒUVRE

Par Armand BOURGEOIS

—

Membre de la Société des Gens de Lettres

CHALONS-SUR-MARNE

IMPRIMERIE C. THOUILLE, RUE D'ORFEUIL, 3

——

1895

Pierre-Quentin CHÉDEL

Graveur Châlonnais du XVIIIᵉ siècle.

PIERRE-QUENTIN CHÉDEL

Graveur Châlonnais du XVIIIᵉ siècle

ET SON ŒUVRE

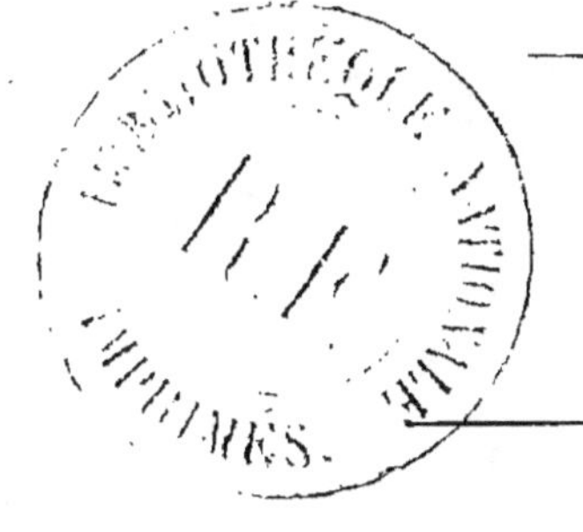

A Monsieur Georges DUPLESSIS,
Conservateur des Estampes à la
Bibliothèque Nationale.

CAUSERIE-CONFÉRENCE

FAITE

A LA SEANCE PUBLIQUE ANNUELLE

DE LA

Société d'Agriculture, Commerce, Sciences et Arts

DU DÉPARTEMENT DE LA MARNE

DU 22 AOUT 1894

Par Armand BOURGEOIS

Membre de la Société des Gens de Lettres

CHALONS-SUR-MARNE

IMPRIMERIE C. THOUILLE, RUE D'ORFEUIL, 3

1895

Pierre-Quentin CHÉDEL

Graveur Châlonnais du XVIIIᵉ siècle.

Mesdames, Messieurs,

Ce qui touche la Champagne me touche, peut se dire tout Champenois; mais ce qui n'est pas donné à tout Champenois, c'est d'être Châlonnais.

Châlons est une de ces villes, dont on peut être fier à bon droit, qu'elle soit votre berceau.

Quelles magnifiques pages d'histoire la prennent à son origine et la conduisent jusqu'à nos jours ! A combien d'enfants illustres n'a-t-elle pas donné naissance? Théologiens, savants, artistes !

Combien de héros militaires n'a-t·elle pas produits ?

Et puis n'a-t-elle pas toujours fait preuve de nobles et généreuses idées ? Hier, c'était l'imposante solennité du « *Souvenir Français* », demain, ce sera l'érection de la statue du digne et regretté Président Carnot.

1

Veuillez me permettre aujourd'hui d'aller chercher dans le domaine artistique l'un de vos plus honorés et plus remarquables compatriotes du passé, le graveur

Pierre-Quentin Chédel, sur lequel planait un quasi oubli et dont je vais m'efforcer de faire revivre la mémoire, à votre satisfaction, je l'espère.

Mon excellent et distingué ami, M. Alexis Rivière, Président de la docte Compagnie à laquelle j'ai l'honneur d'appartenir, y aura bien été pour quelque chose, puisqu'il m'en a suggéré l'idée, non-seulement verbalement, mais encore dans une spirituelle et délicieuse Lettre-Préface (1).

Loin de moi de lui en adresser des reproches, ne lui ayant jamais connu que de bonnes idées. Son goût est si sûr, en matière d'art, qu'après m'avoir désigné Chédel, je ne pouvais que me dire : il y a là un sujet intéressant à traiter.

Aussitôt — qu'on me passe le mot — je me mis en campagne.

Tout d'abord il me revint qu'il était au fond de l'Ile Saint-Louis, à Paris, un patient collectionneur des productions du graveur qui nous occupe, l'un des frères Varin, dont j'étais heureux de vous parler, il y a un an à pareille époque. J'y vis de suite une planche de salut et je ne me trompais point en pensant que M. Adolphe Varin pouvait me procurer les plus précieux renseignements.

Très nombreuses sont en ses cartons les œuvres du graveur Chédel, et si mon vieil ami ne les possède pas toutes, il n'en est pas très éloigné.

Je dois à la vérité de dire qu'il s'occupe de les réunir, depuis 40 ans, et que cela lui a valu d'être une figure archi-connue de tous les marchands d'estampes ou de bric-à-brac de la capitale. C'est un véritable trésor qu'il

---

(1) Notice sur les **Frères VARIN**, graveurs Châlonnais.

détient, dont j'ai aimé personnellement à peser ou soupeser les brillants artistiques.

Quand je lui eus parlé de mon projet, quel rayonnement je vis en ses yeux ! Comment, j'allais m'occuper de Chédel ! Jamais je ne pouvais être le mieux venu. Que dis-je ? Chédel n'avait-il pas été le premier maître de son aïeul Charles-Nicolas Varin. Aussi quelles bonnes heures il me fut donné de passer dans le salon si artistique de M. Varin, tandis que de ses fenêtres je voyais les bateaux-mouches sillonner la Seine tant mouvementée en cet endroit.

Toutes ces merveilles d'art m'attiraient extrêmement, et au fur à mesure je notais mes impressions ; puis rentré dans ma demeure de Pierry, combien de bonnes notes M. Varin m'adressa à divers intervalles !

Avant d'embrasser la partie artistique proprement dite de mon étude, je donnerai quelques détails intimes sur Chédel, les seuls que j'aie pu découvrir.

Il fut l'ami des plus remarquables artistes de son temps et notamment du célèbre peintre Boucher, dont il reproduisit nombre d'œuvres par la gravure, avec un soin digne de ce maître.

Oudry, le célèbre peintre animalier et le non moins célèbre illustrateur des Fables de La Fontaine, le tenait en haute estime ; aussi lui confia-t-il une partie importante de ses compositions, pour les graver.

Beaucoup moins que Boucher sans doute, mais à sa suite, il n'est pas inadmissible de croire qu'il fut également *persona grata* auprès de la séduisante marquise de Pompadour et qu'il lui incomba parfois de retoucher les gravures faites par cette dernière. Celle qui donna le ton et la mode pendant si longtemps, se piquait d'art en effet, et même n'y était pas la première venue.

Ne lui dédia-t-il pas d'ailleurs, à différentes reprises, de ses œuvres gravées ?

Involontairement et chez son ami Boucher même, il se trouva mêlé, jusqu'à un certain point, à une certaine galante aventure, à laquelle le grand peintre s'exposa bien un peu, car il est rapporté qu'il ne fut pas toujours fidèle à sa femme.

Voici ce qu'effectivement je lis dans « l'*Art du XVIII*ᵉ *siècle* » par Edmond et Jules de Goncourt : « Selon une notice manuscrite d'un bibliothécaire de M. de Paulmy, le roman de « *Faunillane* » ou « *l'Infante jaune* », fantaisie du comte de Tessin, illustrée de dessins de Boucher et imprimée, en 1741, à Badinopolis, chez les frères Ponthome, n'aurait été de la part du comte, qu'un adroit moyen d'introduction dans l'intérieur du peintre. M. de Tessin n'aurait écrit son livre, que pour en demander l'illustration à Boucher, approcher de cette façon délicate Mᵐᵉ Boucher, la voir pendant qu'il expliquait les sujets à son mari..... Les dessins faits et gravés par Chédel — la comédie avait eu sans doute un dénouement au gré de M. de Tessin — le livre était tiré à deux exemplaires et le comte faisait cadeau des cuivres à l'académicien Duclos, qui, pour les utiliser, écrivait, sur les compositions de Boucher, le roman allégorique d' « *Acajou et de Zirphile.* »

L'amitié que Chédel avait pour Boucher lui était largement rendue par ce dernier qui avait en outre, pour son interprète, la plus grande considération.

Chédel eut trois demeures différentes à Paris : rue Saint André-des-Arts, rue de l'Eglise des Tuileries et rue de Grenelle. La première du style Louis XV existe encore et la seconde qu'il habitait conjointement avec Chevalier, stuccateur du Roi, a disparu avec l'haussmannisation de la capitale.

Paris devait attirer cet engoué de l'art qui, à l'encontre de ce que se proposaient ses parents, exerça la profession de graveur. Sa grande intelligence en avait fait un élève remarquable du collège de sa ville natale, ce qui décida sa famille à l'envoyer à Paris, pour y achever ses études.

Les progrès s'ajoutèrent sans doute aux progrès. Malgré tout, son goût naturel pour le dessin et. la gravure à l'eau-forte le sollicitait plus que jamais.

Il entra à ce moment dans l'atelier de Lemoine, célèbre alors. C'est du reste ce même artiste qui avait formé Boucher et deviné ce qu'il serait un jour, c'est-à-dire un grand peintre. Il ne pouvait être pour Chédel une meilleure école du dessin, le dessin étant la grande qualité des toiles de Lemoine.

Les notions qu'il prit là lui furent du plus grand bien, et comme la gravure l'attirait plus particulièrement, il entra chez le fameux graveur Laurent Cars où il acquit de plus en plus de l'expérience.

Il avait une grande propension pour la vignette qu'il se mit à dessiner et à graver pour un grand nombre de publications, avec une finesse de touche, qui plus d'une fois alla jusqu'au bijou-d'art.

Où il se surpassa selon moi, c'est dans le paysage. Il n'est pas une seule de ses compositions de l'espèce qui n'attire, ne charme et ne rende rêveur, comme lorsqu'assis sur une haute colline, on contemple une riante vallée.

Il a d'ailleurs touché à tous les genres, créant plus d'une fois, souvent même, ou gravant d'après autrui, et quels étaient ses modèles ? Boucher, Watteau, Wouvermans, Pierre et Robert van Hoeck, Adrien Villeaerts, Van der Meulen, Bibiena, Jean Breughel, Breemberg, les Teniers, Ruysdaël.

Une remarque en passant : l'œuvre de Chédel qui fut pourtant si considérable, a laissé tellement peu d'épaves, que c'est une bonne fortune pour tout collectionneur, quand il peut les faire entrer dans ses cartons.

Je parlais à l'instant des vignettes de Chédel. Voici l'éloge qu'en fait un graveur bien connu du xviiie siècle, Gaucher, dans ses notices sur les graveurs : « Il réussit parfaitement dans ce genre, ses compositions sont pleines de feu et d'invention et touchées avec tout l'esprit et le goût possible. »

Voici ce que Gaucher nous fait connaître encore de Chédel : « Il était d'une complexion fort délicate et menait une vie très sobre et très retirée. La douceur de ses mœurs et l'égalité de son caractère, jointes à sa candeur et à sa probité, lui acquirent l'estime et l'amitié des personnes avec lesquelles il vivait. Sa trop grande assiduité au travail et la vie trop sédentaire qu'il menait, lui occasionnèrent plusieurs maladies qui le rendirent sur la fin de ses jours un peu triste et mélancolique, quoiqu'il fût naturellement fort gai. »

Chédel apporta une coopération importante dans ces magnifiques illustrations qu'entreprirent des maîtres comme Laurent Cars et Cochin, le premier pour le Théâtre de Molière, d'après les dessins de Boucher, et le second pour les fables de La Fontaine, d'après les dessins de Oudry. Et même pour les compositions qui illustrent le Théâtre de Molière, il serait injuste d'en attribuer uniquement la gravure à Laurent Cars, comme on le fait généralement. En effet une grande partie de ces illustrations si estimées ont été exécutées à l'eau-forte par Chédel.

Bien qu'il eût pour maître Laurent Cars, lorsque Chédel put être lui-même, il ne garda pas la grande et large manière de cet artiste et aima mieux s'adonner exclusivement à la gravure de maints petits sujets à l'eau-forte : sujets d'histoire, de sainteté, paysages, batailles, frontispices, vignettes et culs-de-lampe, pour des ouvrages de librairie ; voilà ce qu'il aima composer et graver. Son burin toujours fin et spirituel, apporte partout l'animation. Il excelle à introduire et à faire mouvoir dans ses compositions, ce qu'on pourrait appeler des infiniment petits, fourmilière de petits personnages, qu'on le sent dessiner avec la plus grande facilité. Dans un tout petit cadre, ses foules ou ses combattants, semblent s'y développer à l'aise. C'est à croire même qu'il s'est inspiré de la manière de Callot, dans bon nombre de ses vignettes.

II.

Au milieu de tant d'œuvres dues à Chédel, dont beaucoup de remarquables, il est peut-être difficile d'en faire un choix quintessencié, pour les énumérer et les décrire en quelques lignes, étant donné surtout mon désir de ne pas fatiguer votre attention.

Je vais cependant tenter ce choix.

J'ai parlé tout à l'heure du culte de M. Adolphe Varin pour Chédel, culte qui l'a amené à réunir plus de deux cent cinquante pièces de ce maître, sans compter un catalogue de ses œuvres qu'il a dressé, se réservant de l'augmenter encore dans la suite, au fur et à mesure des découvertes de titres ou légendes de gravures qu'il pourra faire chez tel ou tel marchand d'estampes, tel ou tel amateur.

Il me fut donc donné de consulter ce catalogue avec fruit.

D'autre part, on peut se faire une idée du nombre de morceaux que grava Chédel, en sachant qu'il en fut vendu 593 à la vente Cayeux en 1774, lesquels furent adjugés au graveur Basan, moyennant la somme de 104 livres 19 sous. Il est supposable que ce recueil était complet, étant donnée l'étroite amitié qui unissait le sculpteur Cayeux et Chédel.

Avant de me livrer à l'exploration artistique promise, rien de mieux que de reconstituer l'état-civil de Chédel, grâce aux obligeants relevés que fit pour moi sur les registres paroissiaux, M. Amédée Lhote, le chercheur bien connu de vous.

Le 14 novembre 1705 est né à Châlons-sur-Marne et le même jour a été baptisé Pierre-Quentin, fils de Quentin Chédel, marchand, et de Marie Cousinat (paroisse Notre-Dame).

Enfin il est décédé dans son pays natal, où il était venu se retirer malade, depuis environ seize mois, ce le 1ᵉʳ juin 1763, âgé de 58 ans. Il fut inhumé le lendemain au cimetière de la paroisse Saint-Nicaise, en présence notamment de MM. Augustin-Nicolas-Jean-Louis Chédel, célibataire, son neveu, et Ignace le Lorrain, greffier du Présidial, dont l'épouse était nièce du défunt, lesquels signèrent avec Nicolas Ledieu, curé.

Chédel asssistait en 1735 au baptème d'un neveu, fils de Jean-Baptiste Chédel, marchand, et de Marie-Charlotte-Alexise Herbert.

J'en arrive maintenant aux productions du célèbre graveur.

Dans le genre vignettes, on le voit illustrer en partie des ouvrages publiés de 1730 à 1760 : *Histoire du peuple de Dieu*, du père Berruyer, *Les Nymphes de Diane*, opéra-comique de Favart, *Histoire des Voyages*, de l'abbé Prévost, *Abrégé de l'Histoire de France*, du Président Hénault, *Géométrie à l'usage des artistes*, par Sébastien Leclerc, *Traité des feux d'artifice*, de Frezier, l'*Art de la Guerre*, du maréchal de Puységur, la magnifique édition des *Contes de la Fontaine*, de 1745, d'après les superbes dessins de Cochin.

Aucun des graveurs de ces dessins n'a signé, mais on attribue à Chédel les « Aveux indiscrets », le « Contrat », « le Quiproquo », « la Couturière », « le Gascon », « la Cruche cassée », « Promettre est un », « le Rossignol ».

Quant aux vignettes du traité de Sébastien Leclerc, on se trouve en présence de sujets variés et fort agréables à l'œil. J'en possède un certain nombre dont un groupe de gens attablés qui rappellent à s'y méprendre le genre des Teniers. Ces vignettes placées au bas des figures géométriques, sont bien faites pour leur enlever de leur froideur. Sur plus d'une on rencontre la signature : Chédel, *invenit et sculpsit*.

Chédel fit de nombreuses suites de paysages, de batailles ; il excellait comme impressions de mêlées et de chocs, de la part de l'infanterie ou de la cavalerie.

On lui doit des portraits supérieurement traités, ceux de Nicolas de la Brousse, comte de Vertillac, revêtu d'une cuirasse, et de Claude de Lisle, historiographe du roi.

A signaler, comme étant de toute beauté, dans le « théâtre de Molière » et d'après Boucher, les eaux-fortes suivantes qu'il exécuta : « l'Ecole des femmes », « le Sicilien », « l'Ecole du mari », « Dom Garcie », « les Plai-

sirs de l'Ile enchantée », « l'Impromptu de Versailles »,
« Psyché », « les Fourberies de Scapin », « Dom Juan »,
« le Misanthrope », « le Bourgeois Gentilhomme ».

Que dire encore des gravures in-folio, d'après les fameux dessins d'Oudry, qu'il fit pour les fables de La Fontaine, au nombre de 32 planches. Je possède 19 de ces gravures, autant de tableaux qu'on ne se lasse pas de contempler et auxquels je ne suis pas loin de tenir autant qu'à la prunelle de mes yeux.

Il fit de nombreuses gravures de batailles, dont une bonne partie d'après les dessins du Chevalier de la Touche, un autre Châlonnais, pour l'*Abrégé chronologique et historique de l'origine du progrès et de l'état actuel de la maison du Roi et de toutes les troupes de France*, par le chanoine Simon Lamoral le Pippre de Nœufville, publié à Liège, en 1734, chez Everard Kints (3 vol. in 4°).

On peut remarquer dans le 2° volume la représentation du siège d'Epernay en 1593, signée de Chédel, pour le dessin et la gravure.

Je pourrais citer d'autres publications encore ; mais je préfère passer de suite à quelques descriptions de gravures de grand format qu'il m'a été donné d'admirer chez M. Varin. Il faut bien dire, du reste, que le Cabinet des Estampes à la Bibliothèque nationale, est loin de posséder les richesses de mon vieil ami, en fait de productions gravées de Chédel.

Combien poétique le joli paysage intitulé : *Le Nid !* Combien imposante la façade de la cathédrale de Châlons avec ses deux flèches, hélas ! disparues ! *La Cascade* est un paysage captivant.

Ces fontaines, dites d' « Alphée », des « Dragons », du « Faune », de « Pénée », sont dans une excellente note mythologique, où l'amour du paysage qu'avait Chédel, trouve à satisfaire ses préférences.

Dans cette vue de l'*Embrasement de Troie*, d'après Breughel d'Enfer, quel aspect bien rendu de terreur et de bouleversement de la nature !

T. Q. Flaminius donne la paix à toute la Grèce. Quelle intensité de vie ! Quelle remarquable compréhension des foules par l'artiste, à qui revient l'honneur de toute cette composition.

Combien soignés, raffinés ces sujets militaires dédiés à la marquise de Pompadour !

Colombier d'après Boucher, avec lettre et avant lettre, retient volontiers. Cette vieille tour perdue un peu dans les grands arbres, ces pigeons qui voltigent et se lutinent, cet aqueduc sur lequel passe une route, cette paysanne et son petit garçon penchés sur l'un des garde-fous, faits de grosses branches d'arbres, pour regarder un pêcheur à la ligne, quel beau rêve de la campagne ?

Les adieux du soir, d'après Teniers, sont d'une mélancolique impression que l'eau-forte de Chédel a rendue supérieurement.

Arlequin jaloux, d'après Watteau, ne pouvait être plus brillamment traduit par la gravure. C'est là certainement une maîtresse œuvre du graveur châlonnais où l'habileté s'accompagne du goût le plus délicat, de l'esprit d'observation le plus fin ; son talent de paysagiste en un mot s'y révèle avec éclat.

Le Pêcheur, d'après Boucher. Le regard se porte vers des arbres de haute futaie, dont les fonds s'éclairent peu à peu. Le pêcheur tourne le dos à une jeune femme qui s'enfuit en retenant coquettement ses jupes ; un chien qui est sur la rive paraît seul s'en apercevoir, en la suivant des yeux ; des roseaux et des feuillages entremêlés, le long du cours de la petite rivière ; la route qui s'éloigne et s'enfonce sous bois, peut-il être plus charmant aspect ?

Le dévot ermite, toujours d'après Boucher. Une gravure superbe : une nappe d'eau sortant de dessous un vieil aqueduc ; des roseaux, de grosses pierres qui se mêlent à son cours. A l'entrée de son ermitage, apparaît l'ermite, un livre de prières à la main ; mais qu'il doit être distrait de sa lecture, car il vient d'apercevoir deux jeunes femmes gentiment attifées, chez lesquelles on devine de malignes réflexions et au décolleté un tantinet troublant. Sans ces intentions, Boucher, le peintre des ris, des roses et des amours, ne serait pas lui-même. Or, on le sait, la sévérité du nu lui était inconnue ; c'était toujours voulu chez lui, qu'il révélât une sorte d'effronterie piquante.

La naissante aurore, d'après Teniers, est l'admirable épreuve d'une eau-forte, hardiment accusée en ses effets d'ombre et de lumière.

Si les gravures de Chédel sont rares, à plus forte raison ses dessins originaux à la plume ou au crayon ; MM. Adolphe Varin et Léon Morel, le savant archéologue, en sont d'heureux possesseurs.

Parlerai-je, pour clore ces descriptions, des quelques gravures que me communiqua M. Louis Bihn, marchand d'estampes, à Paris ?

Un paysage, sorte de ravissant tableautin, gravé avant lettre, représente une rivière passant à travers une forêt et que traverse un pont de bois. Sur ce pont qu'ils franchissent, un cavalier, un piéton, un chien qui aboie après des lavandières, un âne chargé d'un sac de blé et que suit un paysan ; deux dames à cheval qui vont franchir le pont à leur tour ; non loin des piles du pont et sur chaque rive, des lavandières occupées autant à bavarder qu'à laver le linge, l'une d'elles a même laissé échapper une pièce et tente de la rattraper ; une corde qui se relie au pont et à un arbre, sur laquelle on a étendu un drap ; d'autres paysans faisant boire leurs ânes, chargés également de sacs de blé, dans un seau obligeamment prêté par l'une des lavandières.

Bref, dans tout ce paysage entièrement dû à Chédel et où les parties lumineuses se fondent exquisement avec les parties assombries, il est tout un monde et toute une vie.

Vue d'une tour près de Blois, nommée communément la Tour du Diable.

Cette tour en poivrière qu'envahit le lierre de tous les côtés, cette chaumière à demi-cachée par des pommiers, des peupliers et des saules bordant une rivière ; ce filet de pêcheur étendu ; cet escalier de pierres que s'apprête à descendre une femme chargée de son linge ; ces saules rabougris, cet aqueduc, ce ciel rempli de gros nuages, rien de plus pittoresque.

La légende même qui est au bas de cette gravure, confirme l'amitié qui unissait Chédel à Boucher. Il y est dit en effet : « Gravé d'après le dessin de M. Boucher, peintre du Roi et professeur à son académie royale de peinture et de sculpture, par son ami et très obéissant serviteur Pierre-Quentin Chédel. »

Cette même gravure me donne l'occasion de vous faire connaître le monogramme de l'artiste, qui est un Q majuscule, à l'intérieur duquel sont les initiales P. C. et qui signifie Pierre-Quentin Chédel. Je bornerai là mes citations, tout en déclarant que j'en passe et beaucoup et des meilleures.

III

Après avoir démontré que Châlons peut revendiquer Pierre-Quentin Chédel, comme l'un de ses plus remarquables enfants, il ne déplaira pas, je pense, de connaître ses arrière-neveux encore existants, comme de voir établir une biographie rapide de cette famille de vieille bourgeoisie châlonnaise.

Ces arrière-neveux sont M. Frédéric Gribius, chevalier de la Légion d'honneur, ancien chef de bureau au Ministère des Postes et Télégraphes, Mlle Adèle Gribius, à Epernay, Mme Victor Porquet, née Ernestine Gribius, à Pierry, MM. Georges Gribius, capitaine en retraite à Epernay, Henry Gribius, receveur des Postes et Télégraphes, à Reims, Charles Le Sérurier, directeur des Douanes, à Marseille, Mme veuve Amé, née Emilie Sérurier.

La mère de Messieurs et Demoiselles Gribius, morte à Epernay, en mars dernier, vit s'éteindre avec elle le nom de Chédel. Leur souche remonte à Jean-Baptiste Chédel, marchand, et à dame Marie-Charlotte-Alexise Herbert, son épouse.

Jean-Baptiste Chédel était le frère propre du graveur. Il était né en 1707 et mourut en 1753. De son vivant il fut juge consul et l'un des conseillers de l'Hôtel commun de la ville. Il laissa huit enfants dont Augustin-Nicolas-Jean-Louis, Jean-Baptiste-Louis, Pierre-Augustin et Marie-Pomme, mariée à Ignace Le Lorrain, déjà cité, nous intéressent plus particulièrement.

Du mariage de Augustin-Nicolas-Jean-Louis Chédel qui eut lieu le 7 novembre 1769 avec Marie-Anne Prignet, naquirent, pour ne citer qu'eux sur six, Augustin-Nicolas-

Louis, au baptême duquel le parrain fut Jean-Baptiste-Louis Chédel, lieutenant de la maréchaussée à Sainte-Ménehould, son oncle, et Adélaïde.

C'est précisément Adélaïde qui, née le 21 juin 1775, fut mariée au chef de la famille Gribius, Jean-Frédéric Gribius.

Son fils aîné, Georges-Frédéric Gribius, né à Epernay, le 14 fructidor an XII et décédé à Sainte-Ménehould, le 11 novembre 1874, se maria de son côté à Adèle Chédel, fille de Pierre-Augustin Chédel et de Jeanne-Adélaïde Leblanc. C'est de ce dernier mariage enfin que naquirent les enfants Gribius actuels.

En 1733, une fille de Claude Chédel, Conseiller du Roi, docteur en médecine de la Faculté de Montpellier, épousait Charles d'Argent, écuyer, seigneur des Deux-Fontaines, lieutenant au régiment Royal-Cavalerie, bataillon de Romith.

Deux frères Chédel associés, ont possédé un vendangeoir à Avize et fait le commerce du produit de leurs vignes, tiré en mousseux, qu'ils expédiaient jusqu'en Russie.

Ainsi, en 1767, ils expédièrent pour l'exportation 5,725 bouteilles, 6,150 en 1784, 2,300 en 1785 et 9,850 en 1787.

Il est probable que c'est l'un de ces deux frères qui acquit, le 2 mai 1766, de Jacques Cazotte, ancien commissaire général de la marine, demeurant à Pierry, le domaine de la Marquetterie, aujourd'hui en possession de la famille Goerg de votre ville.

Ce même Chédel, négociant à Pierry, fut arrêté comme suspect en 1793.

Dom Pierre Chédel, frère du graveur, né le 14 novembre 1696, fut religieux et procureur de l'abbaye d'Hautvillers. Il est l'auteur d'un manuscrit, portant la date de 1748, que l'on suppose avoir disparu au moment de la Révolution et dont le titre était : *Inventaire des Archives de l'Abbaye de Saint-Pierre d'Hautvillers*.

On le voit, les Chédel ont toujours tenu à s'appliquer une partie de la devise de leur ville natale : *Et decus et robur*. Et si je vous ai dépeint Pierre-Quentin Chédel, le graveur, sous le jour le plus sympathique, convenez avec moi que son portrait qui est en votre magnifique Musée, ne me dément pas, car il en ressort toute distinction et toute bonté.

Armand BOURGEOIS.

···⇝⇜···

Châlons, imp. Thouille